Maravillas

Mc Graw Hill Education

COVER: Nathan Love, Erwin Madrid

mheducation.com/prek-12

Copyright © 2020 McGraw-Hill Education

Send all inquiries to:
McGraw-Hill Education
Two Penn Plaza
New York, New York 10121

ISBN: 978-0-07-683722-9
MHID: 0-07-683722-X

Printed in the United States of America.

2 3 4 5 6 7 8 9 QVS 23 22 21 20 19

Autores

Jana Echevarria	Gilbert D. Soto
Teresa Mlawer	Josefina V. Tinajero

Mc
Graw
Hill
Education

¡A conocernos!

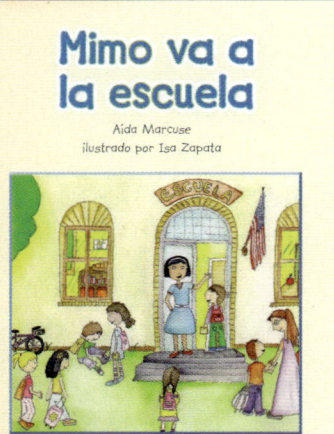

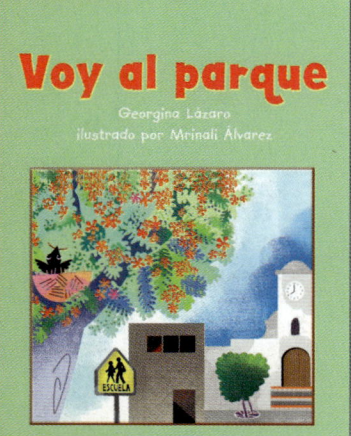

my.mheducation.com

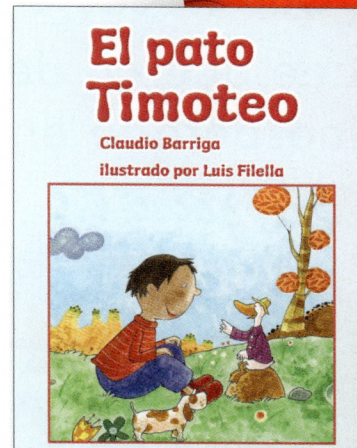
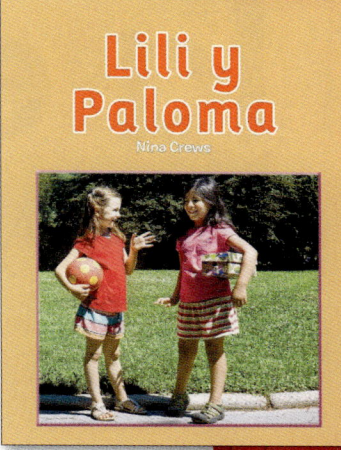

Género Ficción realista

¿? **Pregunta esencial**

¿Qué haces en tu escuela?

Lee acerca de una visita inesperada en la escuela.

¡Conéctate!

Mimo va a la escuela

Aída Marcuse

ilustrado por Isa Zapata

7

Esta **mañana**, en **la escuela**,

vamos a jugar.

Hay un gato en mi **clase**.

El gato es Mimo.

Veo qué hace Mimo.

Me mira y se para.

Juego con Mimo.

Me gusta Mimo.

Es el gato de la clase.

¡Es mi gato en la clase!

A la escuela con Aída Marcuse

A **Aída Marcuse** le gustaba mucho ir a la escuela. Y siempre le encantaron los gatos. También le gusta escribir cuentos y poesías, leer, cuidar las plantas de su balcón y cocinar cosas ricas para su familia.

Propósito de la autora

Aída Marcuse nos cuenta qué pasó el día que su gato la siguió hasta su clase. Dibuja algo que te pasó a ti en la escuela.

Respuesta al texto

Volver a contar

Vuelve a contar con tus propias palabras los detalles importantes de *Mimo va a la escuela*.

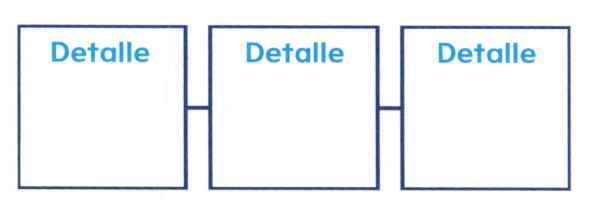

Detalle	Detalle	Detalle

Escribir

¿Qué suceso especial ocurre en este día de clase? Usa los siguientes marcos de oraciones:

En el texto leo que...
Las ilustraciones muestran que...

Hacer conexiones

COLABORA

¿Qué hace Mimo que tú también puedes hacer en la escuela?

PREGUNTA ESENCIAL

Compara los textos

Lee sobre las reglas que los niños siguen en la escuela.

Las reglas de la escuela

¡Nuestra escuela tiene reglas!

¿Por qué hay **reglas** en la escuela?

Las reglas nos ayudan a llevarnos bien.
Las reglas nos protegen.

Levantamos la mano.

Escuchamos en silencio.

Obedecemos las reglas de **seguridad**.

Bluestone Productions/The Image Bank/Getty Images

¡Y nadie se queda sin jugar!
¿Cuáles son las reglas de tu escuela?

¿? Haz conexiones

¿Por qué son importantes las reglas en la escuela? PREGUNTA ESENCIAL

Género Fantasía

Pregunta esencial

¿Cómo es el lugar donde vives?

Lee sobre el día de un pajarito que vive en la ciudad.

¡Conéctate!

ESCUELA

Voy al parque

Georgina Lázaro

ilustrado por Mrinali Álvarez

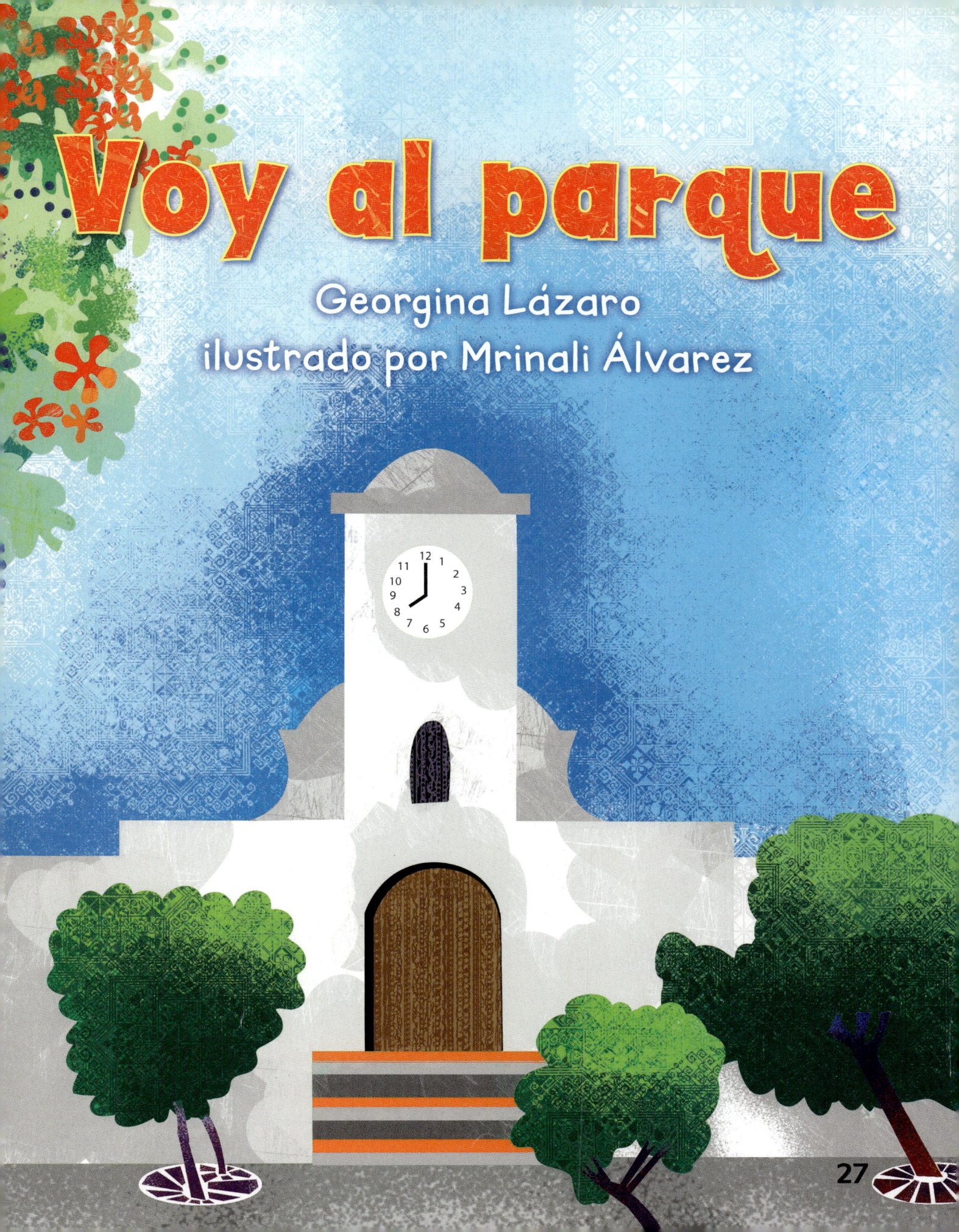

Este es mi papá. Esta es mi mamá.

Este soy yo. Papá y mamá me aman.

Puedo volar **muy** lejos.

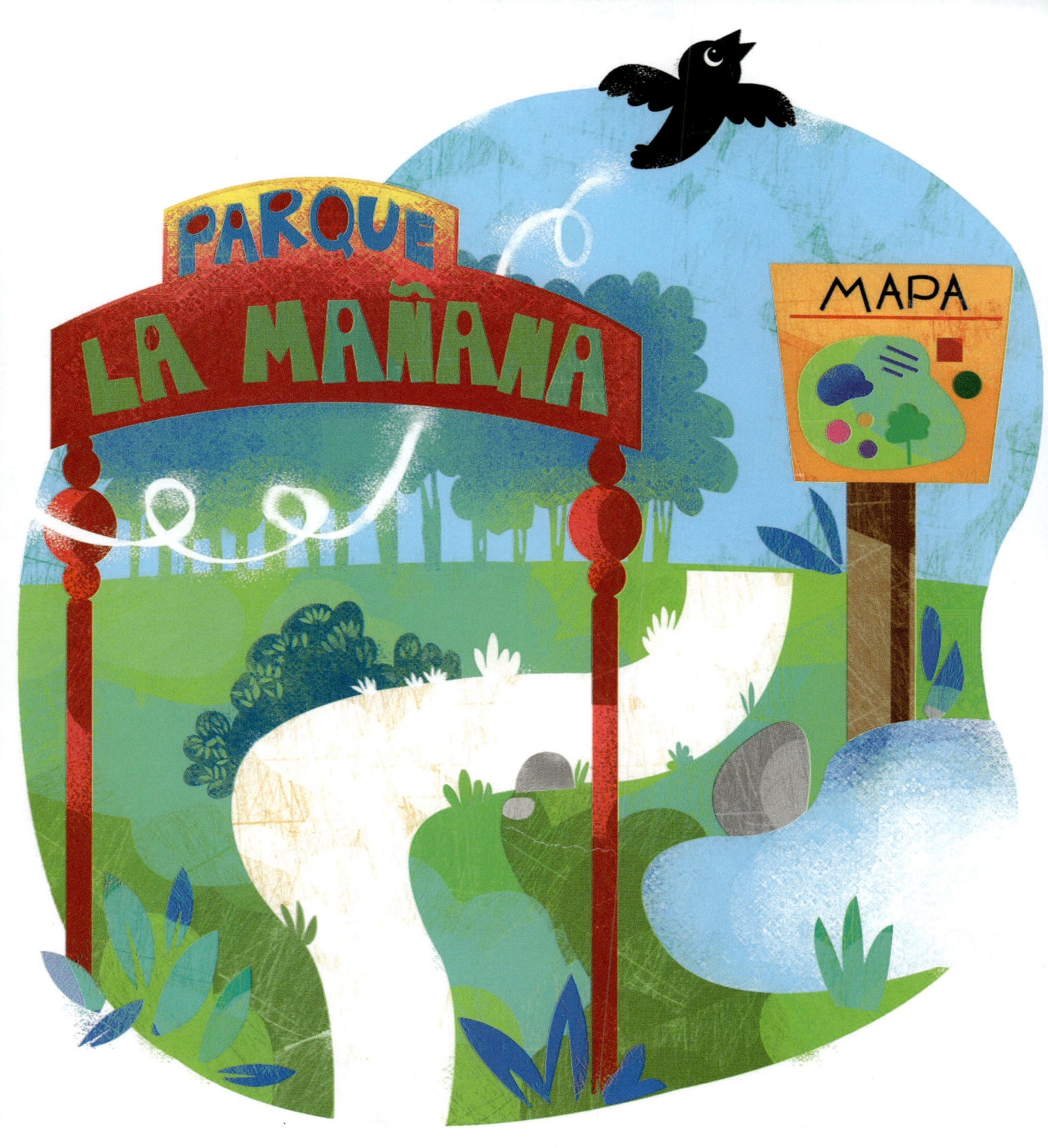

Me gusta ir al **parque**.

Me gusta jugar.

Me gusta el **pan**.

¿Dónde está papá?
¿Dónde está mamá?

¿Quién me <mark>ayuda</mark>?
Mimí me ayuda.

¡Veo a papá y a mamá!

Amo a mamá y a papá.

Un paseo con Georgina Lázaro

Georgina Lázaro vive en Puerto Rico, en una casa en el campo rodeada de árboles. Allí disfruta de las flores, las mariposas, los pajaritos y, a veces, hasta de las lagartijas.

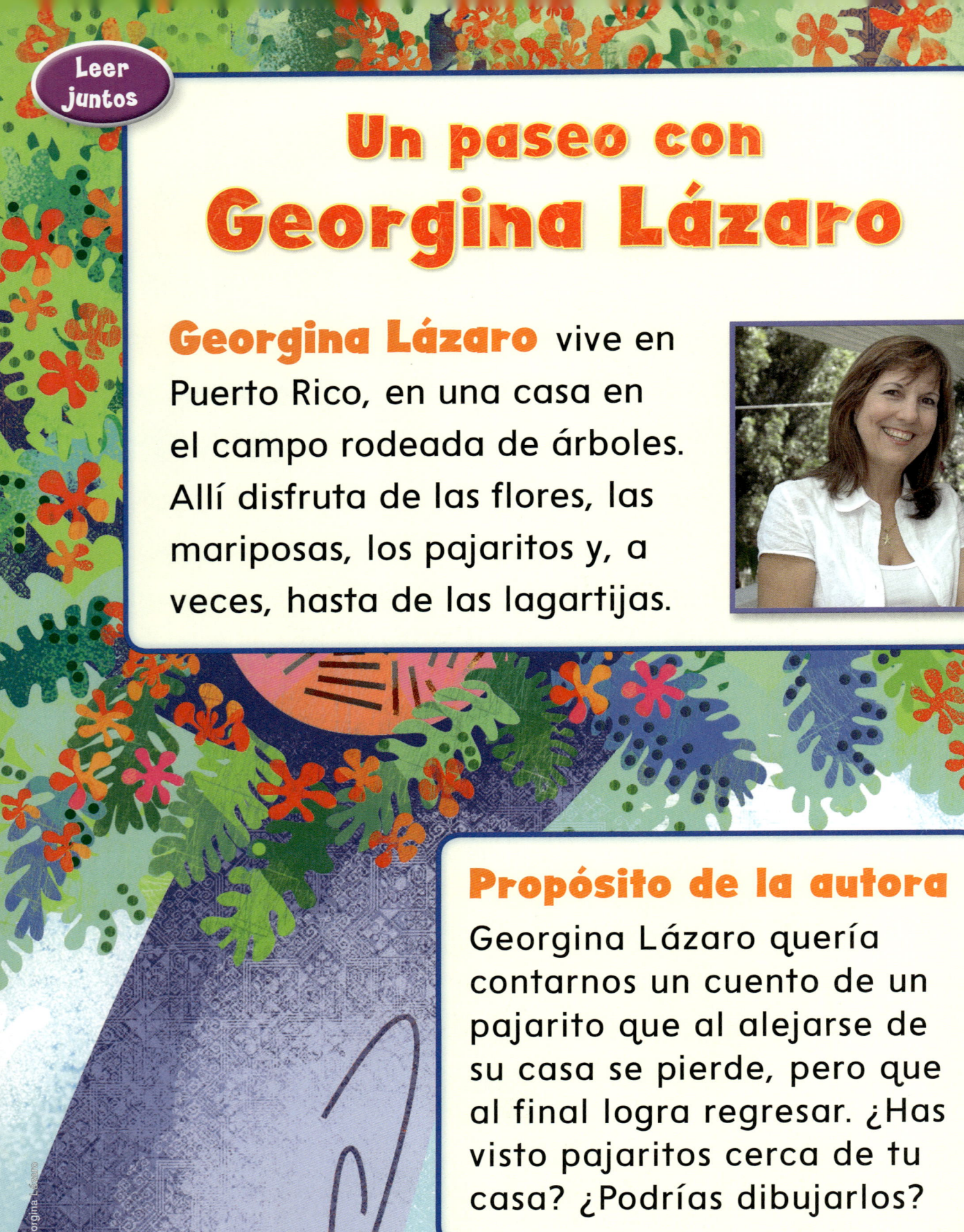

Propósito de la autora

Georgina Lázaro quería contarnos un cuento de un pajarito que al alejarse de su casa se pierde, pero que al final logra regresar. ¿Has visto pajaritos cerca de tu casa? ¿Podrías dibujarlos?

Respuesta al texto

Volver a contar

Vuelve a contar con tus propias palabras los detalles importantes de *Voy al parque*.

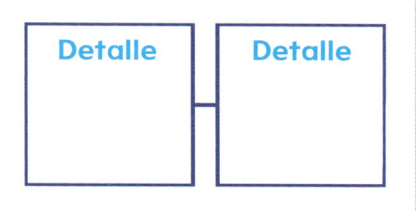

Detalle	Detalle

Escribir

Explica de qué modo el lugar donde vive el pajarito determina lo que le pasa. Usa los siguientes marcos de oraciones:

El pajarito vive en...
Las palabras y las ilustraciones me
  ayudan a saber que...

Hacer conexiones

COLABORA

¿Qué otras cosas divertidas podría hacer el pajarito en una ciudad?

PREGUNTA ESENCIAL

Compara los textos

Lee acerca de la vida en la ciudad.

Sorpresa en la ciudad

¡Hola! Me llamo Zoe.
Vivo en la **ciudad**.
Este es mi **edificio**.

Miro por mi ventana.
¡Hoy estoy contenta!
Mamá tiene una
sorpresa para mí.

Vamos al parque.
Subo al **columpio**.
¿Es **esta** la sorpresa?
Mamá dice que no.

En la clase de gimnasia aprendo
un nuevo salto.
¿Es **esta** la sorpresa?
Mamá dice que no.

Mamá me compra
un bocadillo.
¿Es **esta** la sorpresa?
Mamá dice que no.

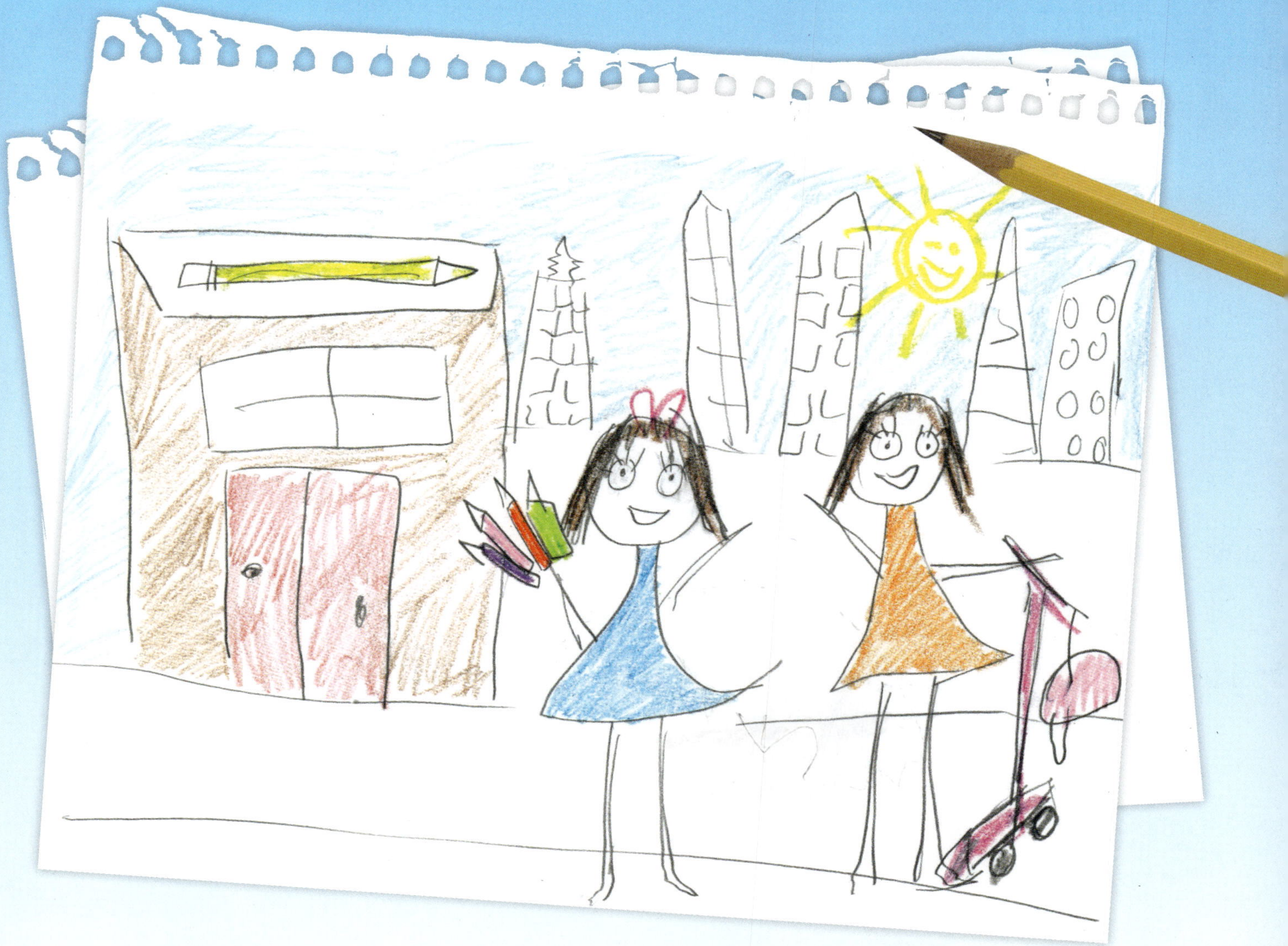

Pasamos por una tienda de lápices.
¡Esta es la sorpresa!
Compramos muchos lápices.
¡Me **encanta** mi sorpresa!

¿? Haz conexiones

¿En qué se parecen los lugares
que visitan el pajarito y Zoe?

PREGUNTA ESENCIAL

¿? **Pregunta esencial**

¿Por qué es especial una mascota?

Lee acerca de un pato especial que aprende muy rápido.

¡Conéctate!

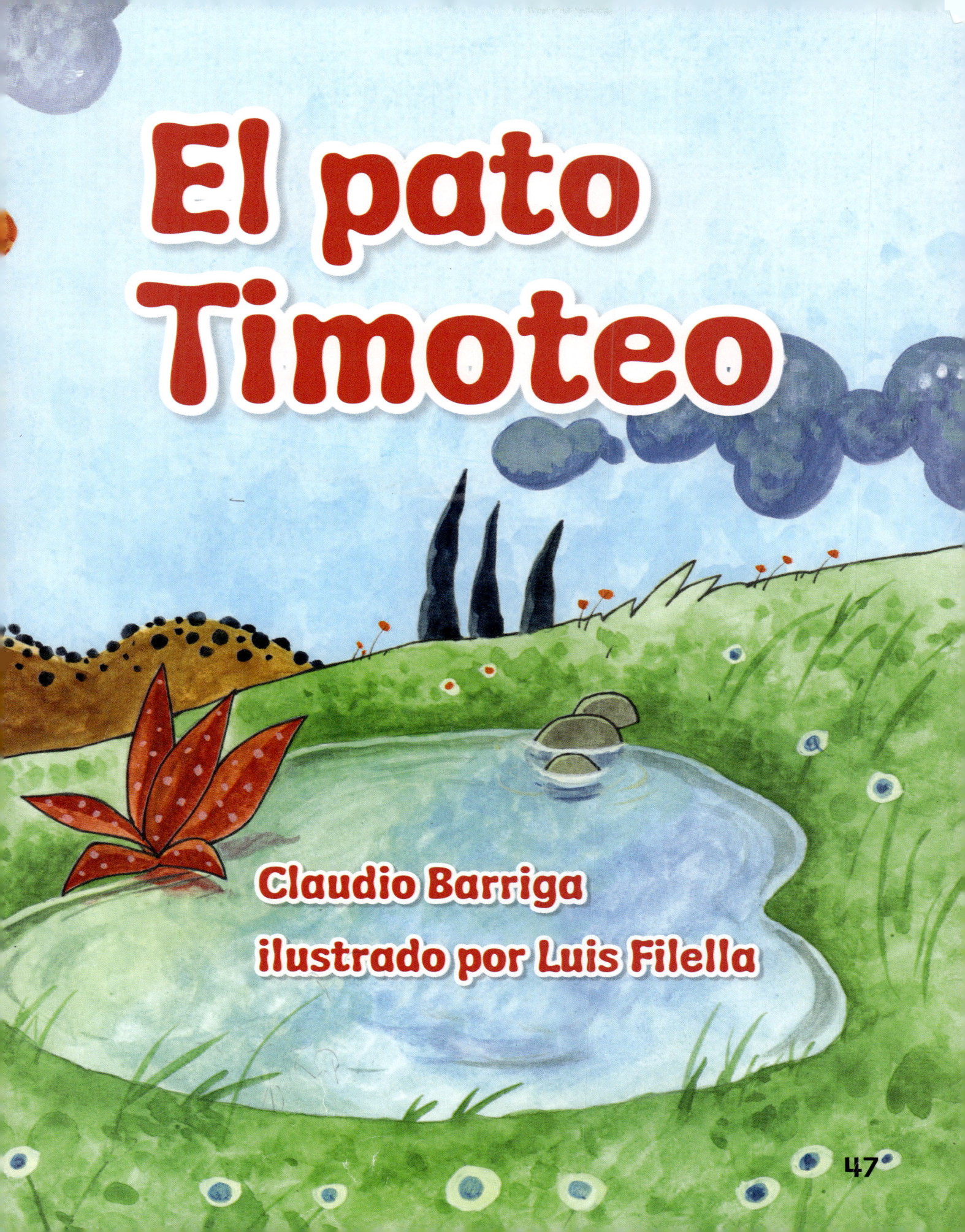

El pato Timoteo

Claudio Barriga

ilustrado por Luis Filella

—¡**Sube**, Timoteo!

—¡Mamá, mamá!
—¿Qué, Tito?

—Este es mi pato Timoteo.
¡**Saluda**, Timoteo!

—¡Ayuda, mamá!

—Toma, Tito. Este pan es para Timoteo.

—Sí, mamá, yo mimo a Timoteo.
Este pan es para Timoteo.

—¡Papá, papá!
—¿Qué, Tito?

—Este es mi pato Timoteo.
Timoteo es mi mascota.

—Timoteo **baja**, **nada** y toma mi pelota.

—Timoteo es mi mascota.
¡Ayuda, papá!

—Timoteo baja, nada...
¡y sube y saluda!

—¡Yo amo a mi pato Timoteo!

Las mascotas de Claudio

De niño, **Claudio Barriga** siempre tuvo mascotas. Jugaba con ellas y les enseñaba trucos. Ahora escribe historias fantásticas de animales porque cree que todos podemos aprender mucho de ellos.

Propósito del autor

Claudio Barriga cuenta cómo un niño se divierte enseñándole trucos a su pato. Haz un dibujo de un animal al que te gustaría enseñarle algún truco. Rotula tu dibujo.

Margaret Cava

60

Respuesta al texto

Volver a contar

Vuelve a contar con tus propias palabras tres detalles importantes de *El pato Timoteo*. Di los detalles en orden.

Detalle	Detalle	Detalle

Escribir

Escribe una fantasía sobre dos amigos: un niño y su mascota. Usa los siguientes marcos de oraciones:

El niño se llama....
La mascota es...

Hacer conexiones

¿En qué se parece Timoteo a alguna mascota que conoces? PREGUNTA ESENCIAL

Compara los textos

Lee acerca de cómo dar a las mascotas lo que necesitan.

iguana

Las mascotas necesitan...

¿Qué **necesitan** las mascotas?

loro

hámster

Como todos los **seres vivos**, las mascotas necesitan alimento.

Algunas mascotas comen semillas o plantas.

gatos

Algunas mascotas comen carne o pescado.

Todas las mascotas necesitan beber agua.

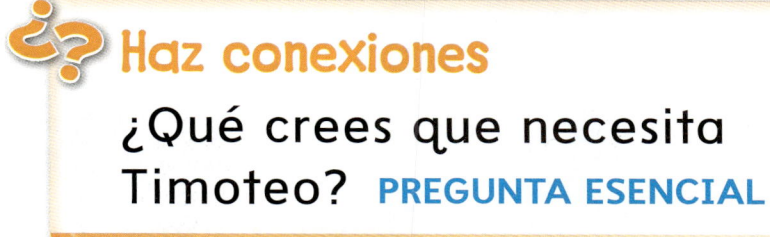

perro

Las mascotas necesitan un hogar seguro.

Las mascotas necesitan amor y **cuidado**.

¿? Haz conexiones

¿Qué crees que necesita Timoteo? PREGUNTA ESENCIAL

Género No ficción

Pregunta esencial

¿Qué hacen juntos los amigos?

Lee acerca de dos amigas que se divierten juntas.

¡Conéctate!

Nina Crews

Lili y Paloma

Nina Crews

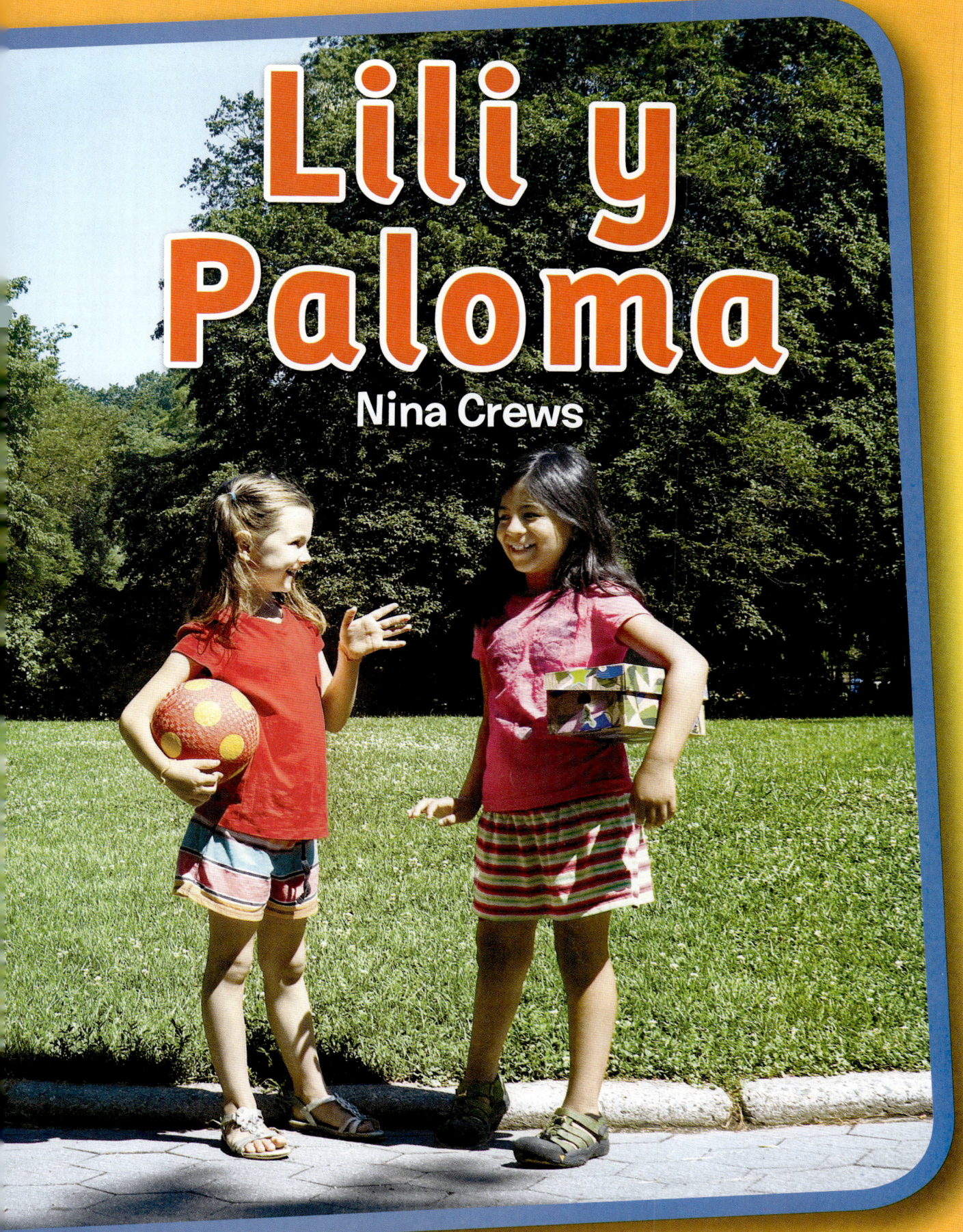

Yo soy Paloma.
Lili es mi **amiga**.

Lili toma la pelota.

Yo soy Paloma.
Juego con Lili.

© Nina Crews

Paloma corre.
Lili corre.

¿Qué te pasa, Lili?

¿A qué vamos a jugar?

Este juego es **mejor**.

Vamos a jugar.

Este es mi amigo Memo.

Mi amiga es Lola.
Tiene **el** pelo de tela.

Lili sube al palo.
¡Yo **también**!

¡Sube, Paloma!
¡Vamos a jugar!

A jugar con Nina Crews

Nina Crews

Nina Crews usa fotografías para contar historias sobre niños. Los niños que aparecen en sus fotografías son familiares y amigos. Nina dice que a sus lectores les encanta ver fotos de niños reales.

Propósito de la autora

Nina Crews se propuso contar algunas cosas que hacen los amigos cuando juegan juntos en la vida real. Dibújate jugando con un amigo o una amiga.

Respuesta al texto

Volver a contar

Vuelve a contar tres detalles importantes de *Lili y Paloma*.

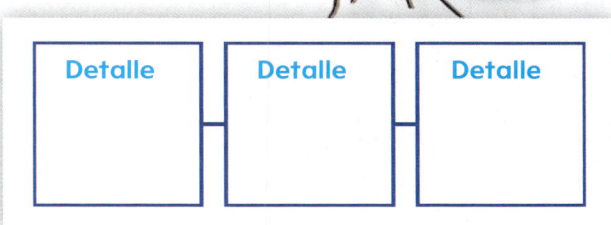

Detalle	Detalle	Detalle

Escribir

¿Por qué Lili y Paloma cambian de juego? Usa los siguientes marcos de oraciones:

Al principio, Lili y Paloma...
Más tarde, Lili...
Luego, Paloma propone...

Hacer conexiones

COLABORA

¿Qué pueden hacer los amigos cuando cada uno quiere jugar a una cosa distinta? PREGUNTA ESENCIAL

Compara los textos

Lee acerca de lo que piensa un niño de sus amigos.

Leer juntos

Mis amigos

Con mis amigos
me gusta jugar,
me gusta crear,
platicar y estudiar.

Hacemos castillos,
saltamos, corremos,
reímos, cantamos
y juntos crecemos.

Nívea Ortiz

Mamá y papá
nos cuidan, nos guían,
nos miran de cerca
de noche y de día.

Tener amigos
es una fortuna,
yo tendré muchos,
¡de aquí hasta la Luna!

María Clara de Freitas

 Haz conexiones

¿Qué le gusta hacer al niño con sus amigos?

PREGUNTA ESENCIAL

Pregunta esencial

¿Cómo se mueve tu cuerpo?

Lee acerca de cómo nos movemos.

¡Conéctate!

Leer juntos

¡A mover el esqueleto!

¿Te gusta **mover** el cuerpo?
Tu cuerpo es flexible y ágil.
Se mueve de mil maneras.

Me gusta **correr**.
Mis piernas son fuertes.
¡Y son muy veloces!

piernas

pies

Me gusta **saltar**.
Despego con los pies...
¡y aterrizo en el pasto!

Me gusta atrapar la pelota.
La atrapo con las **dos** manos.
¡Ven que te atrapo, pelota!

manos

87

pies

brazos

Me gusta nadar.
Me impulso con los brazos.
Pataleo con los pies.

Me gusta bailar con el aro.
Si muevo bien las caderas...
¡el aro queda en el aire!

caderas

Me gusta hacer piruetas.
¡Hay mil piruetas graciosas!
¿Y a ti qué te gusta hacer?

Respuesta al texto

1. Vuelve a contar los detalles importantes de la selección. **VOLVER A CONTAR**

2. Usa las palabras *primero, después, luego* y *al final* para describir los pasos que siguen los niños para realizar uno de los movimientos de *¡A mover el esqueleto!* **ESCRIBIR**

3. ¿Qué cosas puedes hacer con los brazos?
   EL TEXTO Y EL MUNDO

Compara los textos

Lee acerca de una familia a la que le gusta estar en movimiento.

Caminata en familia

¡Hola! Me llamo Otto.

Hoy iré de **caminata**.

Buscaré serpientes en el sendero.

Llevaré mi gorra y una botella de agua.

Vamos en carro hasta el sendero.
Mi hermana y yo vamos adelante.
Comienzo a buscar serpientes.
Busco algo que se mueva.

Tengo calor y me quedo sin **aliento**.
Trepo a una roca para ver mejor.
¡Veo una serpiente!
Huye y se esconde cerca de un árbol.

Finalmente hacemos un alto.
Hay muchos árboles.
¡Llegamos a la cima de la montaña!
¡Buscaré **otra** serpiente!

¿? Haz conexiones

¿Qué hace esta familia para
estar en movimiento?

PREGUNTA ESENCIAL

Marques/Shutterstock

95

Glosario

¿Qué es un glosario? Un glosario ayuda a comprender el significado de algunas palabras. Las palabras se presentan en orden alfabético. Se suelen mostrar en una oración de ejemplo. A veces hay una foto que las ilustra.

Ejemplo de entrada

Letra

Mm

Entrada

Oración

mamá

La **mamá** de Cati es cocinera.

Aa

amigo

Pedro juega con su **amigo**.

Cc

correr

A Pame le gusta **correr**.

Ee

edificio
El **edificio** es alto.

escuela
Mi **escuela** es grande.

(t) fotog/Tetra Images/Getty Images; (b) Peter Cade/The Image Bank/Getty Images

Jj

jardín

El **jardín** está lleno de flores.

Mm

mamá

La **mamá** de Cati es cocinera.

99

mañana

Mañana tengo prueba de lectura.

Pp

pan

El **pan** está recién hecho.

papá
Mi **papá** me lleva de paseo.

pasto
El **pasto** del campo está cortado.

pato

Hay un **pato** en el agua.

Ss

saltar

Saltar la cuerda es divertido.

saluda
Nati **saluda** con la mano.

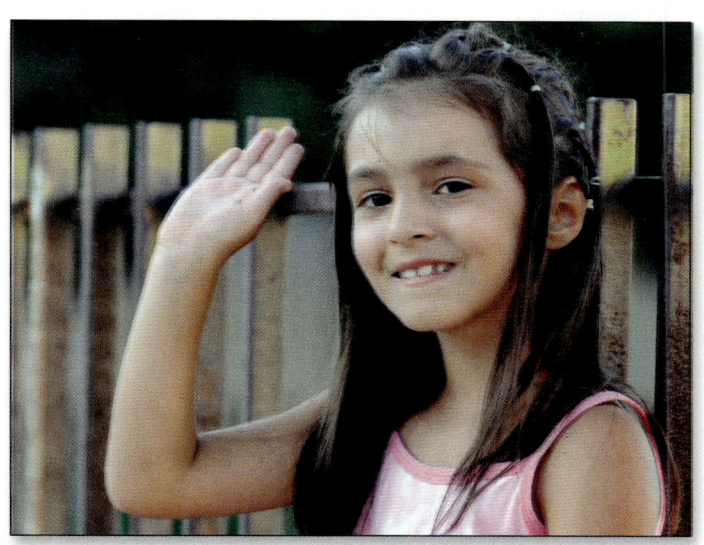

Tt

tela
La **tela** de mi vestido es hermosa.